BIANCA BALZER

Songbuch 1 Kinderlieder

BIANCA BALZER

Songbuch 1
KINDERLIEDER

Impressum
Texte: Autorin und Komponistin Bianca Balzer, Puschkinstr. 1, 14542 Werder Havel
Lektorat: Dr. Alexandra Sept, München
Covergestaltung: oliviaprodesign
Fotografin: https://uniquephoto.de/
Musikalische Notation und Formatierung: Sebastian Claas, München
Berater: Diplom-Musikpädagoge Stefan Klucke
Autorinnen-Webseite: www.bianca-balzer.de

Verlag: BoD · Books on Demand GmbH, In de Tarpen 42,
22848 Norderstedt, bod@bod.de
Druck: Libri Plureos GmbH, Friedensallee 273, 22763 Hamburg

Folgt mir auf
TikTok: https://tiktok.com/@biancabalzerkomponistin
Facebook: https://bit.ly/3lYvkfi
Instagram: https://www.instagram.com/balzerbianca/
Telegram: https://t.me/neuesvonbiancabalzer

ISBN: 978-3-7693-3925-3

DIESES BUCH GEHÖRT:

....

Alles auf einen Blick

Gesang und Gitarre

Wir wollen tanzen

Bianca Balzer

Wir wollen tanzen, wir wollen spielen, lachen und glücklich sein.
Wir wollen tanzen, wir wollen spielen, zu zweit bist du nie allein.
Wir wollen tanzen, wir wollen spielen, bunt ist die Welt.
Wir wollen tanzen, wir wollen spielen, wie es uns gefällt.
Wir wollen tanzen, wir wollen spielen, wir sind die Kinder dieser Welt.

Wir wollen tanzen

Bianca Balzer

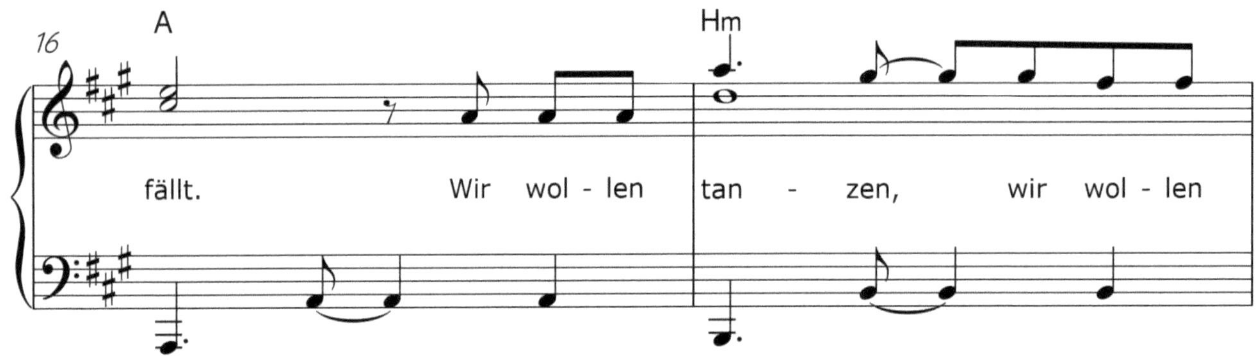
16
A
Hm
fällt. Wir wol - len tan - zen, wir wol - len

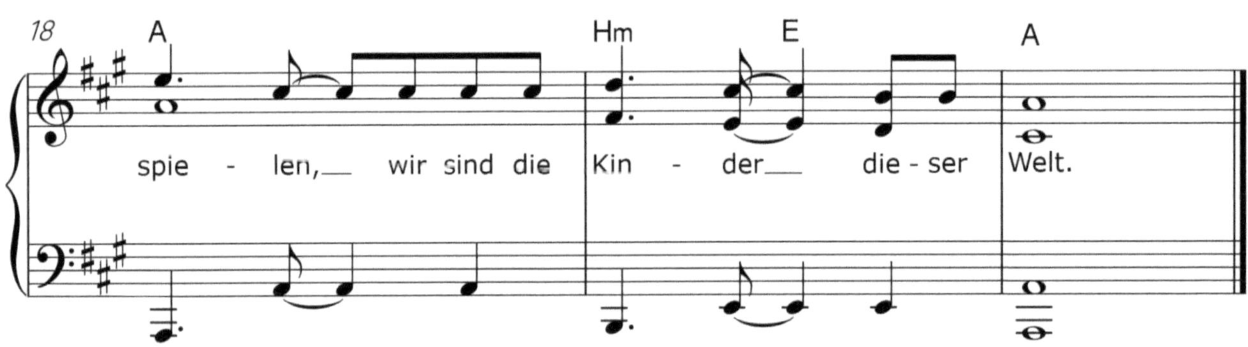
18
A
Hm
E
A
spie - len, wir sind die Kin - der die - ser Welt.

Gesang und Gitarre

Mein Herz macht bum bum

Bianca Balzer

20
G C G
lus-tig aus. Mei-ne Lieb-lings- sa- chen, die soll'n es sein. Ich fühl mich

23
D Am G G
wohl da-rin, so ist es fein. Mein Herz macht bum bum, ganz laut

26
D C G
bum bum. Ich bin ganz auf-ge-regt, die Zeit, als wenn sie steht. Ich flit-ze

29
C G D Am
hin und her und freu mich im-mer mehr. Gleich geht's zur Par-ty, dann hab'n wir

32
G G D C
Spaß. Pa-pa ist be-reit und bringt mich hin. Er prüft den Ruck-sack. Ist al-les

36
G C G
drin? Wun-der - bar. Al - les per - fekt. Auf geht's zur

39
D Am G
Par - ty. Schwupp, dann sind wir weg. Mein Herz macht

Refrain: Mein Herz macht bum bum, ganz laut bum bum.
Ich bin ganz aufgeregt, die Zeit, als wenn sie steht.
Ich flitze hin und her und freu mich immer mehr.
Gleich geht`s zur Party, dann hab`n wir Spaß.

1. Strophe: Mami packt fein das Geschenk ein,
in buntes Glanzpapier mit grüner Schleife.
Mami sagt zu mir, ein Blümchen, das muss sein
und was zu naschen, sag ich, muss auch noch rein.
Was soll ich anzieh`n? Ich steh vorm Schrank?
Probiere alles aus, das sieht ganz lustig aus.
Meine Lieblingssachen, die soll`n es sein.
Ich fühl mich wohl darin, so ist es fein.

Refrain

2. Strophe: Papa ist bereit und bringt mich hin.
Er prüft den Rucksack. Ist alles drin?
Wunderbar. Alles perfekt.
Auf geht`s zur Party. Schwupp, dann sind wir weg.

Refrain 2x

Mein Herz macht bum bum

Bianca Balzer

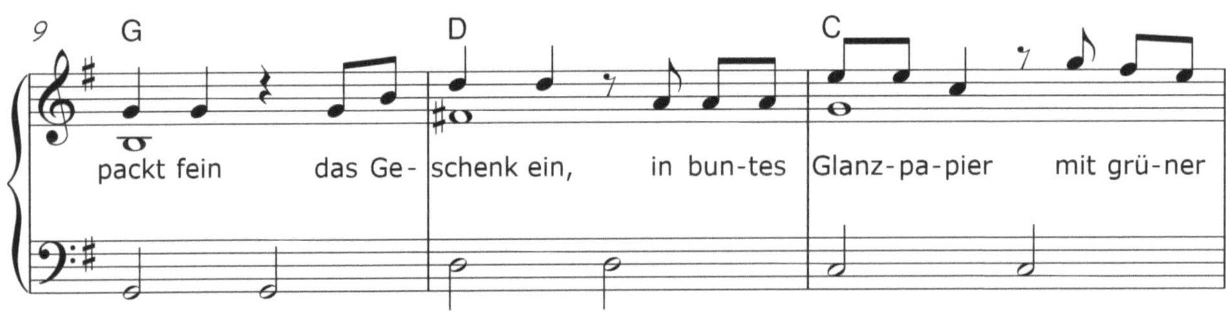

12
G C G
Schlei-fe. Ma-mi sagt zu mir, ein Blüm-chen, das muss sein und was zu
15
D Am G G
Na-schen, sag ich, muss auch noch rein. Was soll ich an-zieh'n? Ich steh vorm
18
D C G
Schrank. Pro-bie-re al-les aus, das sieht ganz lus-tig aus. Mei-ne Lieb-lings-
21
C G D Am
sa-chen, die soll'n es sein. Ich fühl mich wohl da-rin, so ist es
24
G G D
fein. Mein Herz macht bum bum, ganz laut bum bum. Ich bin ganz

27
C
G
C
auf-ge-regt, die Zeit, als wenn sie steht. Ich flit-ze hin und her und freu mich
30
G
D
Am
G
im-mer mehr. Gleich geht's zur Par - ty, dann hab'n wir Spaß. Pa-pa
33
G
D
C
ist be-reit und bringt mich hin. Er prüft den Ruck-sack. Ist al-les
36
G
C
G
drin? Wun-der - bar. Al - les per - fekt. Auf geht's zur
39
D
Am
G
Par - ty. Schwupp, dann sind wir weg. Mein Herz macht

41
G
D
C
bum bum, ganz laut bum bum. Ich bin ganz auf-ge-regt, die Zeit, als

44
G
C
wenn sie steht. Ich flit - ze hin und her und freu mich

46
G
D
Am
im - mer mehr. Gleich geht's zur Par - ty, dann hab'n wir

48
1.G
2.G
Spaß. Mein Herz macht Spaß!

Gesang und Gitarre

Mein süßes Schwein

Bianca Balzer

1. Strophe:
Mein süßes Schwein, du kamst grad raus. *(Was, ein Schweinelied?)*
Du warst drei Monate, drei Wochen in Schweinemamas Bauch. *(Hör doch mal zu, das ist echt cool!)*
Du guckst dich um. Du bist nicht dumm!
Wer das glaubt, hat nie im Lehrbuch nachgeschaut.

Refrain:
Du bist ein Glücksschwein, das wissen alle Leute.
Denn auch schon früher brachte das den Armen reiche Beute.
Du bist bescheiden und isst alles, was es gibt.
Drum bist du süßes Schwein bei allen so beliebt.

2. Strophe:
Mein süßes Schwein, du hast viel Durst.
Du suhlst dich gern im Schlamm, dann ist die Sonnencreme dran.
Hast du viel Platz, weißt du genau,
die Toilette ist nur ein einer Ecke. Wow!

Refrain

Mein süßes Schwein

Bianca Balzer

16
D
A
Du bist ein Glücks-schwein, das wis-sen_ al - le Leu - te._
20
A7
Denn auch schon frü-her_ brach-te das den Ar-men rei-che
23
D
D
A
Beu - te._ Du bist be schei-den und isst al-les, was es gibt.
28
A7
D
Drum bist du sü-ßes_ Schwein bei al-len_ so_ be-liebt.
32
A
E
Mein sü-ßes Schwein, du hast viel Durst.

36
E
A
Du suhlst dich gern im_ Schlamm, dann ist die Son-nen-cre-me dran.
40
A
E
Hast du viel Platz, weißt du ge-nau, die Toi-
45
E
A
let-te ist nur_ in ei-ner E-cke. Wow! Du bist ein
49
D
A
Glücks-schwein, das wis-sen al - le Leu - te._ Denn auch schon
53
A7
D
frü-her brach-te das den Ar-men rei-che Beu - te._ Du bist be-

57
D
A
schei - den und isst al - les, was es gibt.
Drum bist du
61
A7
D
fine (2. x)
sü - ßes Schwein bei al - len so be - liebt.
Du bist ein

Gesang und Gitarre

Frühstück, Frühstück

Bianca Balzer

Strophe:
Ein kleines Frühstück, das muss her,
denn euer Akku ist jetzt völlig leer.
Auch für euren kleinen Bauch, so wacht er auf.
Jetzt fängt der Morgen richtig an.

Refrain:
Frühstück, Frühstück, la la la la la la.
Frühstück, Frühstück, la la la la la la.
Frühstück, Frühstück, la la la la la la.
Frühstück, Frühstück. So fängt der Morgen richtig an.

2. Strophe:
Muskeln und das Gehirn schalten auf Empfang,
dass du dich in der Schule konzentrieren kannst.
Vollkorngetreide, frisches Obst und Milch.
Eine bärenstarke Kinderkost.

Refrain:
Frühstück, Frühstück, la la la la la la.
Frühstück, Frühstück, la la la la la la.
Frühstück, Frühstück. So fängt der Morgen richtig an.

Frühstück, Frühstück

Bianca Balzer

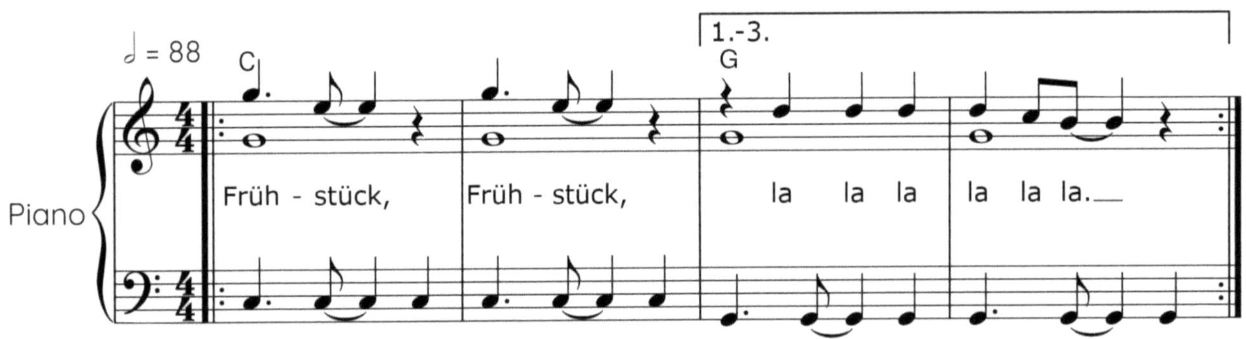

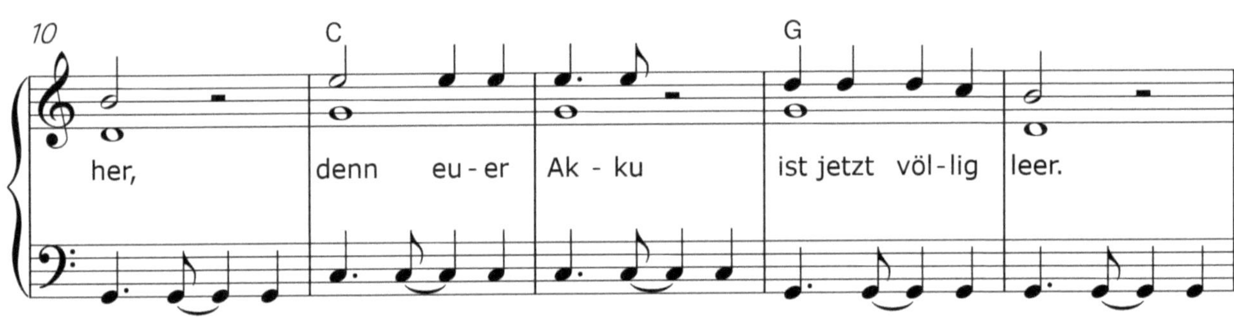

19
C
D
Jetzt fängt der Mor-gen rich-tig an.
24
C
1.-3.
G
Früh-stück, Früh-stück, la la la la la la.
4.
28
D
So fängt der Mor-gen rich-tig an.
32
C
G
C
Mus-keln und das Ge-hirn schal-ten auf Emp-fang, dass du dich in der
37
G
C
Schu-le kon-zen-trie-ren kannst. Voll-korn-ge-trei-de,

42
G
C
fri - sches Obst und Milch. Ei - ne bä - ren -

45
D
star - ke Kin - der - kost.

50
C
1.-3.
G
Früh - stück, Früh - stück, la la la

53
4.
D
la la la.
So fängt der Mor - gen rich - tig an.

Gesang und Gitarre

April, April

Bianca Balzer

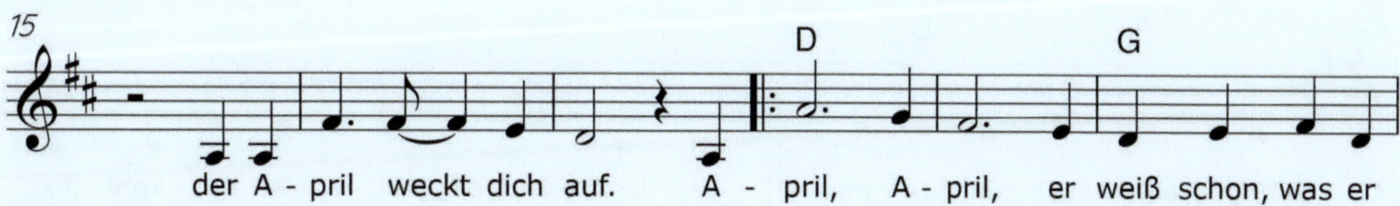

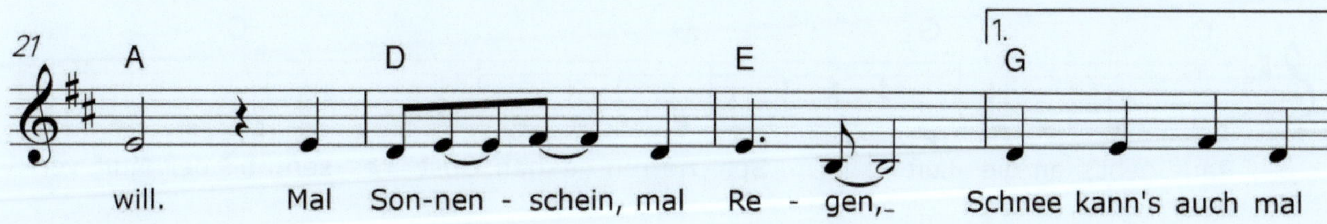

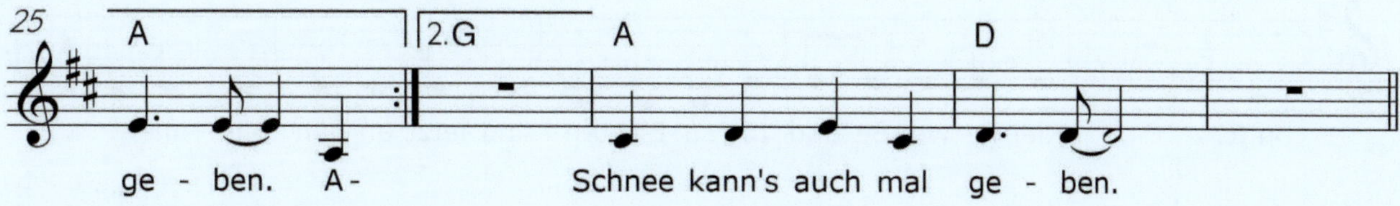

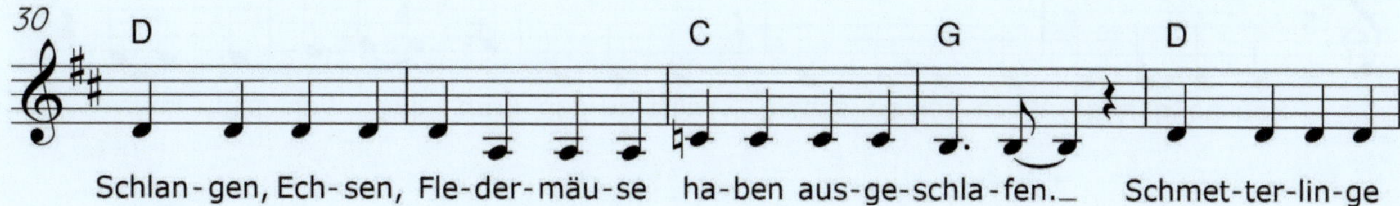

C G D
und Li-bel-len_ ver-las-sen ihr Quar-tier. Ha-ken schla-gen, Luft - sprün - ge,
C G D A
wer kann das wohl sein? Ha-sen-hoch-zeit, komm, steh auf. Wir
D D G A
wol-len da-bei sein. A - pril, A - pril, er weiß schon, was er will. Mal
1. 2.
D E G A G
Son-nen-schein, mal Re - gen,_ Schnee kann's auch mal ge - ben. A -
A D D
Schnee kann's auch mal ge - ben. Uns weckt das sing-en-de Rot - kehl - chen.
C G D C
Raus geht's an die Luft. Spa-zie-ren ge-hen, Obst es-sen, bis der Muff ver-
G D C G
pufft. Klei-ne wei-ße und ro-sa Blü-ten sind jetzt an den Bäu - men.
D
Sau-na-gän-ge, Wech-sel-du-schen, willst du den Früh - ling_ ver - säu - men?

1. Strophe:
Im Frühlingsmonat blühen die Blumen in Gelb.
Schlüsselblume, Löwenzahn und Hahnenfuß dazu.
Die Bärlauchblüte riechst du schon am Knoblauchgeruch.
Drum steh auf und raus, der April weckt dich auf.

Refrain:
April, April, er weiß schon, was er will.
Mal Sonnenschein, mal Regen,
Schnee kann's auch mal geben.
April, April, er weiß schon, was er will.
Mal Sonnenschein, mal Regen,
Schnee kann's auch mal geben.

2. Strophe:
Schlangen, Echsen, Fledermäuse haben ausgeschlafen.
Schmetterlinge und Libellen verlassen ihr Quartier.
Haken schlagen, Luftsprünge, wer kann das wohl sein?
Hasenhochzeit, komm, steh auf. Wir wollen dabei sein!

Refrain

3. Strophe:
Uns weckt das singende Rotkehlchen.
Raus geht's an die Luft.
Spazieren gehen, Obst essen, bis der Muff verpufft.
Kleine weiße und rosa Blüten sind jetzt an den Bäumen.
Saunagänge, Wechselduschen, willst du den Frühling
versäumen?

Refrain (2x)

April, April

Bianca Balzer

18
D G A D
pril, A - pril, er weiß schon, was er will. Mal Son-nen-schein, mal
23
1. 2.
E G A G
Re - gen, Schnee kann's auch mal ge - ben. A -
27
A D D
Schnee kann's auch mal ge - ben. Schlan-gen, Ech-sen,
31
C G D
Fle-der-mäu-se ha-ben aus-ge-schla-fen._ Schmet-ter-lin-ge
35
C G D
und Li - bel-len_ ver-las-sen ihr Quar-tier. Ha-ken schla-gen,

39
C
G
D
A
Luft - sprün - ge, wer kann das wohl sein? Ha - sen - hoch - zeit, komm, steh auf.
44
D
D
Wir wol - len da - bei sein. A - pril, A - pril, er
49
G
A
D
E
weiß schon, was er will. Mal Son - nen - schein, mal Re - gen,
1.
2.
53
G
A
G
A
Schnee kann's auch mal ge - ben. A -
Schnee kann's auch mal
57
D
D
ge - ben. Uns weckt das sing - en - de Rot - kehl - chen.

61
C G D C
Raus geht's an die Luft. Spa - zie-ren ge-hen, Obst es-sen, bis der Muff ver-
66
G D C G
pufft. Klei-ne wei-ße und ro-sa Blü-ten sind jetzt an den Bäu - men.
71
D
Sau-na - gän - ge, Wech - sel - du - schen, willst du den Früh - ling ver - säu - men?
76
D G A
A - pril, A - pril, er weiß schon, was er will. Mal
81
1.-3.
D E G A
Son-nen - schein, mal Re - gen, Schnee kann's auch mal ge - ben. A -

85
4.
G
A
D
Schnee kann's auch mal ge - ben.

88

Gesang und Gitarre

Hey, du kleiner Mann

Bianca Balzer

1. Strophe:
Hey, du kleiner Mann. Du kamst doch grad erst an.
Heut bist du schon ein Jahr auf der Welt.
Hey, du kleiner Mann. Du schaust mich ganz lieb an.
Mit deinem Lächeln ziehst du mich in deinen Bann.

2. Strophe:
Hey, du Brüderchen, ich halt mein Händchen hin,
damit du dich festhalten kannst.
Hey, du kleiner Mann. Du schaust mich ganz groß an
und strahlst übers ganze Gesicht.

3. Strophe:
Hey, du kleiner Mann, du kamst vor einem Jahr an.
Heut feiern wir alle hier.
Das erste Jahr war schön, ich konnt' dich wachsen seh'n.
Und jetzt erforschst du richtig die Welt.

4. Strophe:
Hey, du kleiner Mann, wir sind schon ein Gespann.
Du kannst sicher sein, dass ich dich lieb'.
Hey, du kleiner Mann. Heut' stoß'n wir auf dich an.
Wir sind so froh, dass es dich gibt.

Hey, du kleiner Mann

Bianca Balzer

19
D
C
G
halt mein Händ-chen hin, da-mit du dich fest-hal-ten kannst.

24
G
D
Hey, du klei-ner Mann. Du schaust mich ganz groß an und

29
C
G
G
strahlst ü-bers gan-ze Ge-sicht. Hey, du klei-ner Mann,

34
D
C
du kamst vor einem Jahr an. Heut fei-ern wir al-le

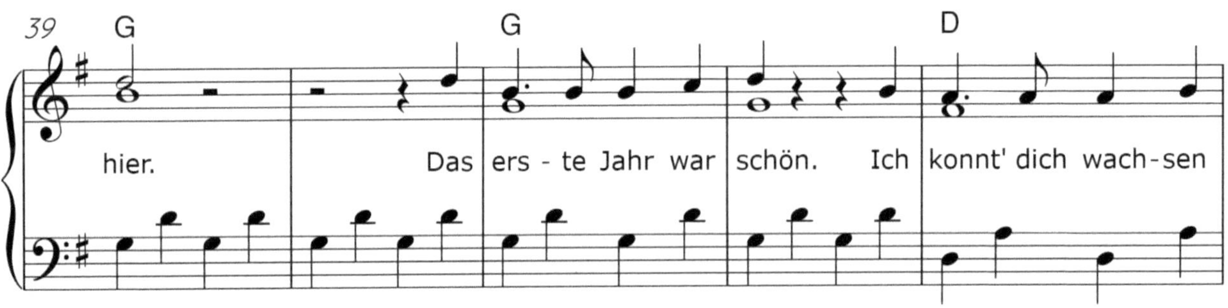
39
G
G
D
hier. Das ers-te Jahr war schön. Ich konnt' dich wach-sen

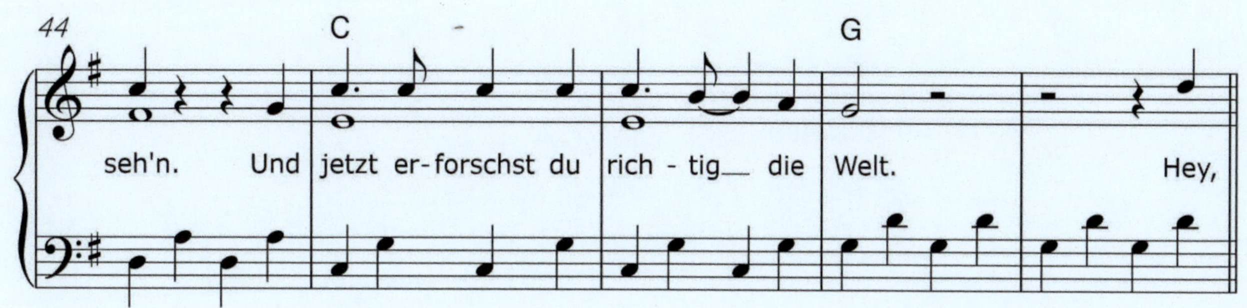
44
C
G
seh'n. Und jetzt er-forschst du rich - tig die Welt. Hey,

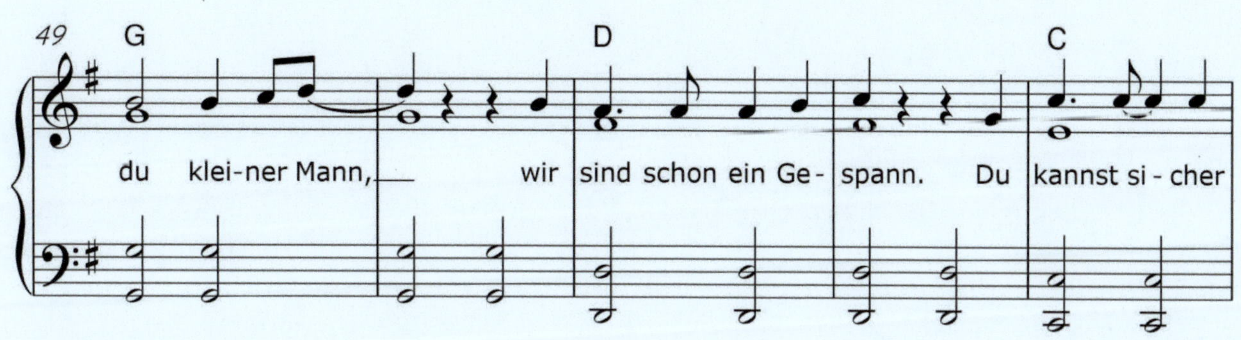
49
G
D
C
du klei-ner Mann, wir sind schon ein Ge - spann. Du kannst si - cher

54
G
G
sein, dass ich dich lieb'. Hey, du klei-ner Mann. Heut

59
D
C
G
stoß'n wir auf dich an. Wir sind so froh, dass es dich gibt.